RUPERT MATTHEWS

DINOSAURES

Le livre de tous les secrets

hachette JEUNESSE

DEVIENS UN VRAI PALÉONTOLOGUE !

SOMMAIRE

Tu trouveras les mots avec un astérisque* dans le glossaire, pages 113 à 115.

LES FOUILLES

▲ Le paléontologue américain Jack Horner a exhumé le premier nid de dinosaure renfermant des œufs fossiles.

Les dinosaures* sont des reptiles* qui ont vécu sur tous les continents avant de disparaître définitivement il y a 65 millions d'années.

Des scientifiques appelés « paléontologues* » sont spécialisés dans l'étude des dinosaures. L'examen des restes de dinosaures, ou fossiles*, permet d'imaginer l'aspect de ces animaux de leur vivant.

1 Un dinosaure meurt en bordure d'un lac.

2 Son squelette* tombe dans l'eau.

Nombre de ces restes ont été exhumés : adultes*, jeunes, nouveau-nés, et même des œufs dans leur nid ! Ces fossiles permettent aux paléontologues de connaître la vie et le comportement des dinosaures.

TAILLE D'UN DINOSAURE

Pour évaluer la taille réelle d'un dinosaure, on la compare à celle d'un homme adulte, soit 1,60 mètre en moyenne.

▼ En général, une plante ou un animal se décompose entièrement après sa mort. Mais, dans des conditions particulières, certaines parties peuvent se fossiliser.

EN FAMILLE

Sais-tu que les petits dinosaures venaient au monde dans des « nurseries » ?

Ou que certains dinosaures vivaient en troupeaux et d'autres en solitaires ?

Poursuis ta lecture et tu découvriras une foule d'informations sur la famille des dinosaures...

AU DÉBUT : UN ŒUF

CARTE D'IDENTITÉ

QUOI ? *Jobaria*

OÙ ? Niger, Afrique.

QUAND ? Il y a 110 millions d'années, milieu du Crétacé*.

FOUILLES

Les dinosaures pondaient des œufs qu'ils maintenaient au chaud et en sécurité jusqu'à l'éclosion*.

Dans les régions chaudes, les femelles déposaient leurs œufs à même le sol. Elles restaient à proximité pour leur faire de l'ombre en cas de trop forte chaleur.

Dans les régions plus froides, la mère recouvrait les œufs de végétation. En se décomposant, les feuilles produisaient une chaleur suffisante pour les conserver à la bonne température.

Le sais-tu ?

En juillet 1923, l'équipe de Roy Chapman Andrews a découvert les premiers œufs de dinosaures en Mongolie (Asie) : des œufs d'oviraptor.

20 mètres de long

JOBARIA

▲ Bébé dinosaure dans son œuf. Il puise sa nourriture dans le « sac » orange renfermant les éléments nécessaires à son développement. Il respire l'oxygène qui filtre à travers la coquille.

◀ Maman *Jobaria* cherchant à écarter un prédateur de taille inférieure. De nombreux œufs étaient en effet dévorés avant leur éclosion.

DE GRANDES NURSERIES

Certains dinosaures aménageaient de grandes « nurseries* » dans lesquelles plus de 100 femelles pondaient leurs œufs dans des nids côte à côte.

Après l'éclosion, les adultes apportaient de la nourriture aux petits et protégeaient les nids des attaques des prédateurs. Les nouveau-nés restaient à la nurserie pendant plusieurs semaines.

Les dinosaures carnivores s'occupaient des nouveau-nés de la même façon. Puis les jeunes suivaient leurs parents pendant quelques mois afin d'apprendre à chasser.

▲ Bébé maïasaure sortant de l'œuf après 8 à 10 semaines d'incubation.

CARTE D'IDENTITÉ

QUOI ? *Maiasaura*

OÙ ? Montana, Amérique du Nord.

QUAND ? Il y a 75 millions d'années, fin du Crétacé.

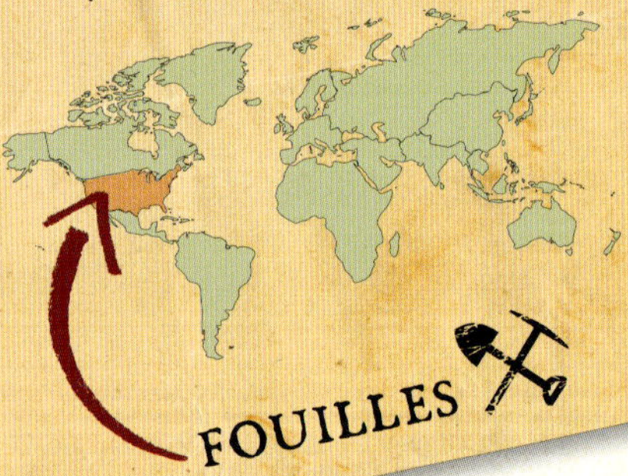

9 mètres de long

MAIASAURA

▶ Le jeune maïasaure restait dans la nurserie plusieurs semaines afin que ses parents veillent sur lui.

Le sais-tu ?

La plupart des noms de dinosaures finissent en *-us*, terminaison des noms de mâles, sauf le *Maiasaura*, le premier à porter un nom de femelle !

LES JEUNES DINOSAURES

Tous les jeunes animaux, y compris les dinosaures, ont un comportement et une apparence différents de l'adulte.

CARTE D'IDENTITÉ

QUOI ? *Mussaurus*

OÙ ? Argentine, Amérique du Sud.

QUAND ? Il y a 215 millions d'années, fin du Trias*.

FOUILLES

La taille de leur tête et de leurs yeux est disproportionnée par rapport au reste – ce qui rend leur corps étriqué ! Leurs pattes sont plus courtes et plus massives que celles des adultes.

En découvrant plusieurs fossiles de petite taille, les paléontologues pensaient tenir dans leurs mains la plus petite espèce de dinosaures. Ils estiment aujourd'hui qu'il s'agissait de jeunes mussaures.

▶ Les bébés mussaures mesuraient 20 centimètres de long, soit la taille d'un rat.

Le sais-tu ?

Lorsque le fossile d'un jeune tyrannosaure a été retrouvé, son examen a montré qu'il était un chasseur aussi redoutable que ses parents.

▲ Ce fossile de mussaure est l'un des plus petits squelettes de dinosaures connus. Il s'agit d'un jeune animal. L'adulte devait mesurer environ 4 mètres de long.

QUITTER LE NID

Si certains jeunes dinosaures étaient élevés dans des nurseries, d'autres devaient se débrouiller seuls après la naissance.

Les jeunes Sauropodes*, tel l'apatosaure, se cachaient de leurs prédateurs dans les sous-bois* mais aussi dans l'eau comme le montrent des empreintes fossiles découvertes dans les lacs et les fleuves.

Les Sauropodes quittaient la sécurité des couverts lorsqu'ils étaient devenus assez grands et forts pour se défendre contre des assaillants.

CARTE D'IDENTITÉ

QUOI ? *Apatosaurus*

OÙ ? Wyoming, Amérique du Nord.

QUAND ? Il y a 150 millions d'années, fin du Jurassique*.

FOUILLES

▼ Comme les autres Sauropodes, le jeune apatosaure quittait son nid à peine âgé de quelques jours. La mère apportait des plantes tendres au nouveau-né pour le nourrir, mais ensuite elle ignorait son petit.

25 mètres de long

APATOSAURUS

Le sais-tu ?

Les fossiles d'apatosaures ont été découverts dans les roches de la formation Morrison, aux États-Unis. C'est le plus grand site de fossiles du monde.

APPRENTISSAGES

CARTE D'IDENTITÉ

QUOI ? : *Cetiosaurus*

OÙ ? : Angleterre, Europe.

QUAND ? : Il y a 180 millions d'années, milieu du Jurassique.

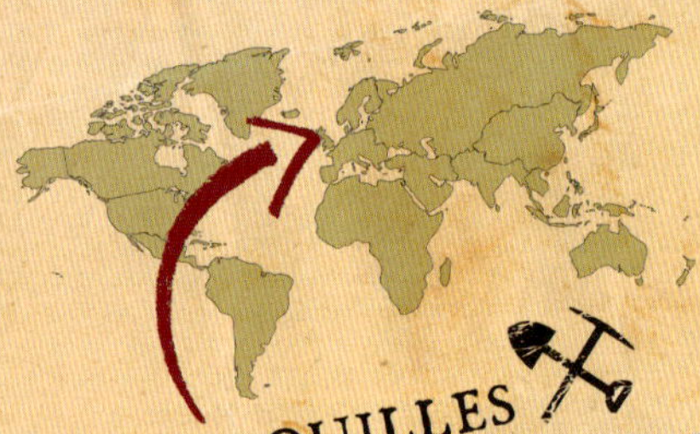

FOUILLES

Certains paléontologues pensent que les petits dinosaures vivaient en compagnie des adultes et n'étaient pas autonomes.

Un jeune dinosaure comptait sur ses parents pour le protéger. Il faisait l'apprentissage de la vie en les observant : quelles plantes il pouvait manger, quels étaient les aliments à éviter et comment fuir les dangereux prédateurs.

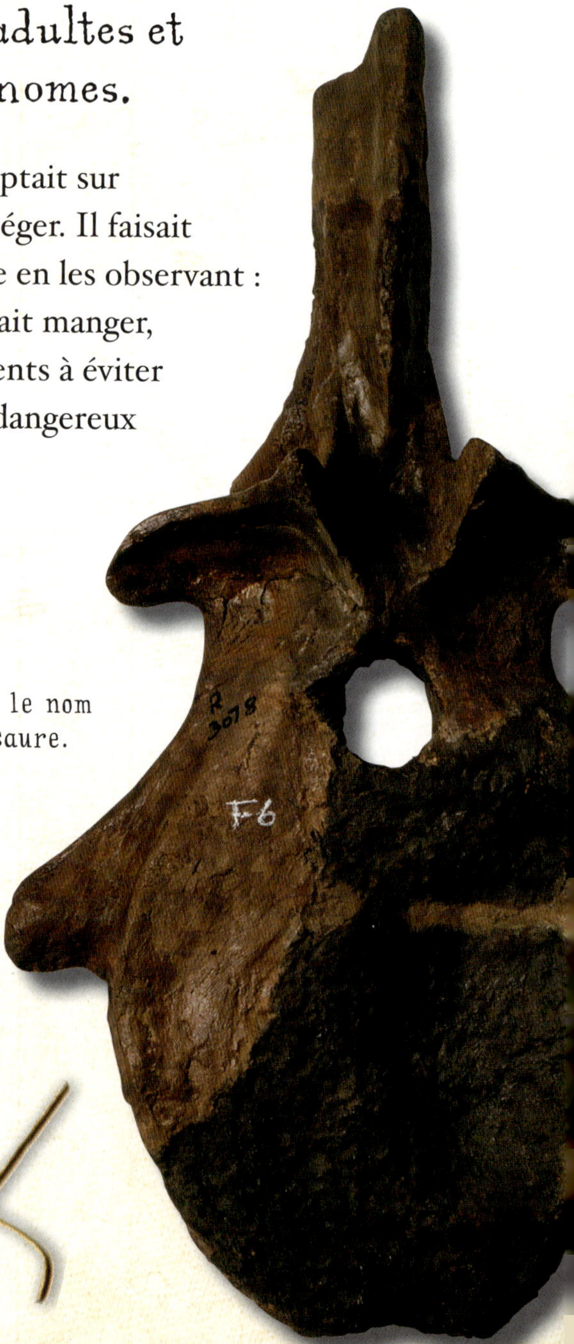

▶ La colonne vertébrale du cétiosaure ressemble à celle de la baleine - d'où le nom de « lézard baleine » donné à ce dinosaure. Jusqu'à la découverte d'os de pattes fossilisés, les spécialistes croyaient qu'il s'agissait d'un animal marin.

Le sais-tu ?

En 1868, le paléontologue anglais Richard Owen a découvert un squelette complet de cétiosaure.

18 mètres de long

CETIOSAURUS

▶ Jeune cétiosaure suivant l'un de ses parents en rase campagne. L'adulte le protégeait et lui enseignait les règles de la survie.

PROTÉGER LES JEUNES

CARTE D'IDENTITÉ

QUOI ? *Triceratops Tyrannosaurus*

OÙ ? Colorado, Amérique du Nord.

QUAND ? Il y a 65 millions d'années, fin du Crétacé.

Le sais-tu ?

Les paléontologues ont mis au jour 20 squelettes de tyrannosaures. C'est un record chez les grands carnivores.

Certains dinosaures vivaient en groupes appelés « troupeaux* ». Les adultes se regroupaient afin de protéger les jeunes.

Les troupeaux avaient coutume d'unir leurs efforts. Par exemple, lorsqu'un tyrannosaure menaçait d'attaquer une horde de tricératops, les adultes se rangeaient en cercle pour lui faire face.

Se tenant sur le bord du cercle, leurs cornes pointant vers l'extérieur, les adultes protégeaient les jeunes, à l'intérieur du cercle. Le prédateur ne pouvait briser la barrière : il renonçait et passait son chemin.

▶ Ce tyrannosaure ne peut briser le cercle de défense des tricératops. Il reviendra peut-être plus tard afin de tenter de capturer un jeune par surprise.

12 mètres de long
TYRANNOSAURUS

▲ Squelette complet de tricératops fossilisé. L'animal utilisait ses trois terribles cornes pour se défendre.

9 mètres de long
TRICERATOPS

DEVENIR INDÉPENDANT

En grandissant, le jeune dinosaure devenait plus robuste, et assimilait peu à peu les comportements indispensables à sa survie.

Il apprenait à se débrouiller seul. Au lieu de suivre ses parents, il explorait les environs et devenait progressivement indépendant.

L'iguanodon se nourrissait d'arbustes et de plantes buissonnantes. Les jeunes restaient avec leurs parents pendant un ou deux ans avant de les quitter et de mener leur propre vie.

CARTE D'IDENTITÉ

QUOI ? *Iguanodon*
OÙ ? Angleterre, Europe
QUAND? Il y a 140 millions d'années, début du Crétacé.

FOUILLES

▲ Maxillaire d'iguanodon adulte. Un jeune devait avoir une mâchoire et des dents semblables car il avait le même régime alimentaire.

10 mètres de long

IGUANODON

Le sais-tu ?

Jusqu'à la découverte de fossiles d'iguanodons au milieu du XIXe siècle les scientifiques ignoraient l'existence des dinosaures.

▶ Jeune iguanodon cherchant à attirer l'attention de sa mère. Quand les petits grandissaient, les parents s'en désintéressaient progressivement, jusqu'à les laisser subvenir eux-mêmes à leurs besoins.

INTIMIDER LES RIVAUX

Les dinosaures adultes de la même espèce se battaient parfois entre eux.

En cas de famine, les dinosaures cherchaient de nouvelles terres pour se nourrir. On pense que certains carnivores se réservaient un territoire, et interdisaient aux autres individus de leur espèce d'y chasser.

Ainsi, pour intimider et effrayer d'éventuels prédateurs ou des rivaux, le dilophosaure possédait une double crête osseuse* au sommet du crâne*.

CARTE D'IDENTITÉ

QUOI ? *Dilophosaurus*

OÙ ? Arizona, Amérique du Nord.

QUAND ? Il y a 190 millions d'années, début du Jurassique.

FOUILLES

▶ Ces deux dilophosaures rivaux exhibent leurs crêtes en faisant des allées et venues. Le combat n'avait lieu que si l'un des dinosaures cessait ses manœuvres d'intimidation.

▲ Ce fossile de dilophosaure est presque complet.
On distingue nettement les deux crêtes.

Le sais-tu ?

Par endroits, les os des crêtes du dilophosaure étaient aussi minces que du papier.

6 mètres de long

DILOPHOSAURUS

SE DISPUTER LE POUVOIR

CARTE D'IDENTITÉ

QUOI ? *Stegoceras*

OÙ ? Montana, Amérique du Nord.

QUAND ? Il y a 75 millions d'années, fin du Crétacé.

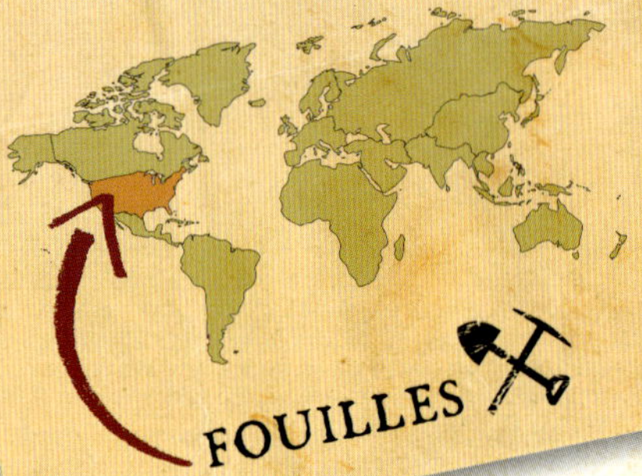

Les manœuvres d'intimidation n'apaisaient pas toujours les rivalités entre dinosaures. Ils allaient souvent jusqu'à l'affrontement pour établir leur supériorité.

Le stégocéras était un dinosaure à crâne épais surmonté d'une bosse osseuse. Les scientifiques pensent qu'elle pouvait lui servir de protection face aux attaques des prédateurs, mais qu'elle constituait aussi une arme lors de combats.

Le sais-tu ?

Le crâne du stégocéras mesurait jusqu'à 8 centimètres d'épaisseur. Celui du mâle était plus épais que celui de la femelle.

Les stégocéras s'affrontaient tête baissée. Ils se jetaient l'un contre l'autre avec une force colossale.
Après plusieurs impacts, le plus faible abandonnait. Les spécialistes s'accordent à penser qu'ils se frappaient aux flancs et non à la tête.

▲ Lors d'un combat, les stégocéras chargeaient. La force déployée devait vite révéler lequel des deux était le plus fort.

VIVRE EN TROUPEAUX

CARTE D'IDENTITÉ

QUOI ? *Mamenchisaurus*
OÙ ? Chine, Asie
QUAND ? Il y a 150 millions d'années, fin du Jurassique.

Certains Sauropodes, comme le mamenchisaure, vivaient en troupeaux composés d'une dizaine à une centaine d'individus.

Vivre en groupe offrait des avantages car un ou deux individus pouvaient monter la garde. Les membres du troupeau unissaient leurs forces pour repousser un prédateur.

À plusieurs, les dinosaures herbivores trouvaient aussi plus facilement de l'eau et des terres riches en nourriture.

MAMENCHISAURUS

Le sais-tu ?

Le mamenchisaure avait le cou le plus long de tous les dinosaures : il dépassait les 10 mètres – l'équivalent de 6 personnes allongées bout à bout.

▶ Troupeau de Sauropodes errant dans une plaine aride. Les empreintes de pas fossilisées montrent que les jeunes se déplaçaient au centre du troupeau, protégés des attaques.

▶ Le mamenchisaure se dressait sur ses pattes arrière et utilisait sa queue pour garder l'équilibre. Ainsi, il pouvait atteindre les feuilles tout en haut des arbres.

MOURIR ET SE FOSSILISER

Certains dinosaures mouraient dévorés par des prédateurs ou tués à l'issue d'un combat.
D'autres étaient victimes de maladies, d'accidents, ou tout simplement de l'âge.

À la mort d'un dinosaure, son corps était dévoré par un charognard ou se décomposait. Les os et les dents de quelques-uns d'entre eux se sont fossilisés au fil du temps.

Un dinosaure mort au bord d'un fleuve se fossilisait plus facilement car sa dépouille était rapidement recouverte de boue ou de sable.

Le léaellynasaure vivait en Australie. Il y a des millions d'années, le continent australien se trouvait dans le Cercle polaire. Le léaellynasaure a peut-être été victime des hivers rigoureux.

CARTE D'IDENTITÉ

QUOI ? *Leaellynasaura*
OÙ ? Victoria, Australie
QUAND ? Il y a 110 millions d'années, milieu du Crétacé.

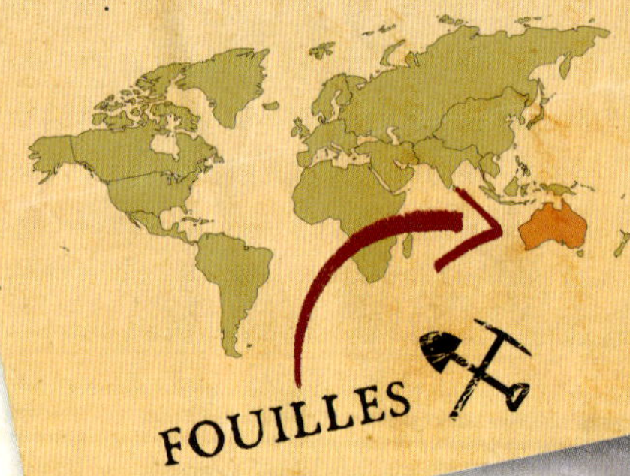

LEAELLYNASAURA

▶ Cette dépouille de léaellynasaure gît près d'un fleuve gelé.

Le sais-tu ?

On a découvert un grand nombre d'ossements dans l'Alberta, au Canada. Selon les scientifiques, des centaines de dinosaures ont été emportés par un fleuve en crue.

SE NOURRIR

Savais-tu que les plus grands dinosaures avaient de petites bouches ?

Lis la suite pour tout connaître sur la façon de chasser et de se nourrir des dinosaures…

DE PETITS PRÉDATEURS

CARTE D'IDENTITÉ

Quoi ? *Eoraptor*
Staurikosaurus

OÙ ? Brésil, Amérique du Sud.

QUAND ? Il y a 225 millions d'années, milieu du Trias.

Tous les dinosaures n'étaient pas des géants ; au contraire, certains carnivores étaient de petite taille. Ils chassaient de minuscules animaux et des insectes.

Ces chasseurs devaient être capables de se déplacer rapidement et avec facilité pour capturer leurs proies. Ils pouvaient bondir et changer brusquement de direction.

Ainsi, le staurikosaure courait rapidement sur ses pattes arrière afin de happer ses proies. Les paléontologues ne savent pas à quelle famille il appartenait.

De même, l'éoraptor courait très vite. Il chassait probablement les lézards et d'autres petits animaux. Il déchirait leur chair avec ses petites dents pointues.

▶ Le staurikosaure dévorait tout ce qu'il pouvait capturer, même de gros insectes.

2 mètres de long

STAURIKOSAURUS

▼ L'éoraptor est le plus ancien dinosaure connu. Il utilisait ses griffes pour fouiller le sol à la recherche de nourriture ou pour capturer de petits animaux.

1 mètre de long

EORAPTOR

Le sais-tu ?

L'éoraptor avait des dents minuscules. Il ne devait chasser que de petites proies.

▶ Paléontologue nettoyant un crâne d'éoraptor afin de le débarrasser des débris de roche. Cette opération minutieuse exige des semaines de travail.

DES CHASSEURS AGILES

Certains dinosaures, tel le cœlophysis, chassaient les lézards et autres petits animaux, mammifères* et amphibiens*.

Le squelette du cœlophysis était constitué d'os fins et très légers. Les os retrouvés montrent qu'il était un prédateur rapide, capable de changer facilement de direction.

Le long cou fin et souple du cœlophysis lui permettait de lancer sa tête en avant pour saisir sa proie. Ses pattes avant étaient dotées de mains griffues pour creuser le sol et trouver de la nourriture.

CARTE D'IDENTITÉ

QUOI ? *Coelophysis*

OÙ ? Nouveau-Mexique, Amérique du Nord.

QUAND ? Il y a 225 millions d'années, milieu du Trias.

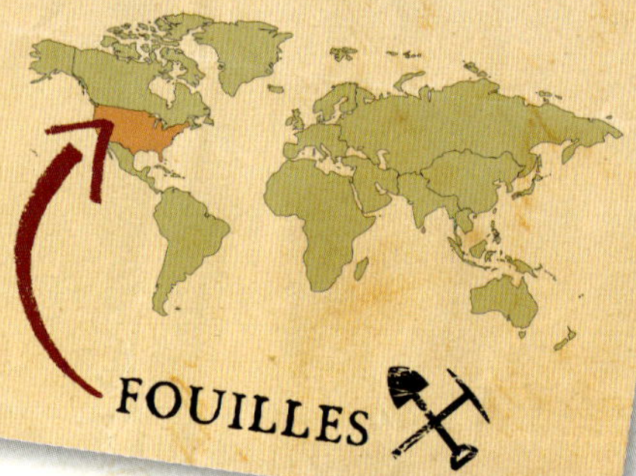

Le sais-tu ?

En 1998, un crâne de cœlophysis a été lancé dans l'espace vers la station spatiale Mir.

COELOPHYSIS

▲ Squelette de cœlophysis. Il est rare de découvrir un squelette complet, avec chaque os à sa place.

▼ Ce cœlophysis avale un lézard. Il devait dévorer les petites proies entières. Les grosses étaient déchiquetées auparavant.

LES HERBIVORES

Les dinosaures ont constitué un groupe d'animaux très prospère. Rapidement, ils ont pris le dessus sur d'autres reptiles qui dominaient la Terre au Trias.

CARTE D'IDENTITÉ

QUOI ? *Plateosaurus*
OÙ ? Allemagne, Europe.
QUAND ? Il y a 215 millions d'années, fin du Trias.

FOUILLES

Les premiers dinosaures étaient relativement petits, puis des espèces de taille supérieure leur ont succédé. Le platéosaure est l'un des premiers gros herbivores. Il mesurait 8 mètres de long et possédait un corps volumineux et des pattes solides.

▶ Le platéosaure avait des dents crénelées, efficaces pour déchirer les feuilles coriaces des fougères arborescentes et d'autres gros végétaux.

8 mètres de long

Plateosaurus

Le platéosaure se déplaçait sur ses quatre pattes, mais il pouvait aussi se redresser sur ses pattes postérieures pour atteindre le feuillage au sommet des arbres.

Le pouce situé sur ses pattes avant était prolongé par une grande griffe qu'il utilisait sans doute pour déraciner les plantes dont il se nourrissait.

▲ Ce squelette fossilisé de platéosaure a été reconstitué debout - ce qui permet de se représenter sa grande taille.

Le sais-tu ?

Plus de 100 restes fossilisés de platéosaures ont été découverts dans près de 50 sites différents.

SE NOURRIR DE FEUILLES

Les Sauropodes étaient les plus grands de tous les dinosaures, mais ils avaient des bouches de petite taille.

Les feuilles et pousses dont se nourrissaient les Sauropodes ne fournissaient pas beaucoup d'énergie. Leur grande taille les obligeait à engloutir d'énormes quantités de végétaux pour survivre.

Les Sauropodes ne mâchaient pas leurs aliments : ils arrachaient les feuilles et les avalaient immédiatement. Ils devaient ingérer de petites pierres qui, une fois arrivées dans le gésier – un muscle semblable à l'estomac –, permettaient de broyer feuilles et brindilles.

CARTE D'IDENTITÉ

QUOI ? *Brachiosaurus*

OÙ ? Colorado, Amérique du Nord.

QUAND ? Il y a 150 millions d'années, fin du Jurassique.

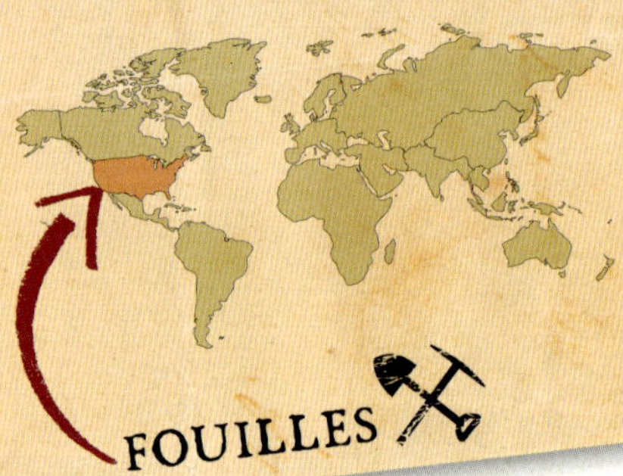

BRACHIOSAURUS

▶ Crâne fossile de brachiosaure. Les grandes ouvertures du crâne correspondent aux orbites et aux naseaux. Ces immenses naseaux renfermaient des veines. Le sang qui y circulait était refroidi au contact de l'air quand l'animal inspirait.

Le sais-tu ?

Le cou des Sauropodes était tellement long que les aliments parvenaient à leur estomac 30 secondes après avoir été avalés.

▼ Ce brachiosaure s'apprête à prendre son repas de feuilles sur un arbre. Grâce à son long cou, le brachiosaure se procurait de la nourriture que les autres ne pouvaient atteindre.

VIVRE DANS LE DÉSERT

CARTE D'IDENTITÉ

QUOI ? *Lufengosaurus*
OÙ ? Lufeng, Chine, Asie.
QUAND ? Il y a 200 millions d'années, début du Jurassique.

FOUILLES

Au début du Jurassique, le climat était le plus souvent chaud et humide. Mais il y avait aussi des régions très sèches : des déserts*.

La sécheresse sévissait parfois sur de longues périodes. Les animaux qui vivaient au Jurassique devaient survivre dans des conditions extrêmes, très humides ou très sèches.

6 mètres de long

LUFENGOSAURUS

Le lufengosaure était un herbivore aux dents en lames de scie qui lui permettaient de déchiqueter les plantes résistantes. Les grosses griffes de ses pattes avant l'aidaient à creuser le sol pour se procurer de la nourriture et de l'eau.

Les plantes étaient digérées dans l'énorme estomac de l'animal, placé à l'avant de ses pattes postérieures. Le poids de son estomac permet de penser que le lufengosaure, comme d'autres dinosaures voisins, trouvait plus facile de se déplacer à quatre pattes.

▲ Ce lufengosaure a été reconstitué à partir de plusieurs squelettes. Il est représenté debout afin de montrer comment l'animal étirait son cou pour atteindre des feuilles hautes.

◀ Le lufengosaure pouvait manger des plantes résistantes comme les fougères. Ses dents pointues étaient conçues pour ce type d'alimentation.

Le sais-tu ?

Certains spécialistes estiment que l'herbivore *Jingshanosaurus* se nourrissait également de coquillages.

UNE PEAU IMPERMÉABLE

CARTE D'IDENTITÉ

QUOI ? *Huayangosaurus*
OÙ ? Chine, Asie.
QUAND ? Il y a 165 millions d'années, milieu du Jurassique.

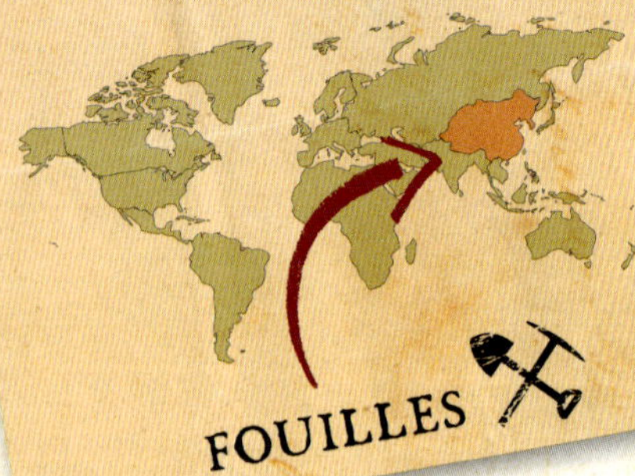

Tous les animaux ont besoin d'eau pour vivre. Elle est en effet indispensable aux échanges chimiques de l'organisme.

Comme tous les reptiles, les dinosaures avaient une peau recouverte d'épaisses écailles. Celles-ci étaient imperméables et empêchaient la déperdition d'eau. Ainsi, les dinosaures n'avaient pas besoin de s'abreuver aussi souvent que les autres animaux.

HUAYANGOSAURUS

▶ Huayangosaure s'abreuvant à un ruisseau. Ce dinosaure vivait à une époque où le climat était chaud et humide ; aussi avait-il toujours beaucoup d'eau à sa disposition.

Le sais-tu ?

L'huayangosaure est souvent représenté avec de longs piquants sur les épaules, mais leur emplacement reste incertain.

▼ Sur ce squelette fossilisé d'huayangosaure, la tête est en position basse. Le dinosaure pouvait ainsi se nourrir de plantes et de buissons.

UN PHYSIQUE ADAPTÉ

Au fil du temps, les dinosaures se sont adaptés à leur environnement ou ont évolué* pour se nourrir facilement. Certains étaient rapides, d'autres immenses ou dotés d'organes spéciaux.

Les Ornithopodes* herbivores possédaient une longue langue musclée qui leur permettait d'amener les feuilles jusqu'à leur bouche. Ils les arrachaient ensuite à l'aide de leur bec corné. Enfin, ils les broyaient avec les dents solides qui armaient leurs mâchoires.

Les Sauropodes avaient une queue et un cou très longs. Ils pesaient jusqu'à 80 tonnes et se servaient de leur taille et de leur poids pour attraper des feuilles.

CARTE D'IDENTITÉ

QUOI ? *Camptosaurus Haplocanthosaurus*

OÙ ? Colorado, Amérique du Nord.

QUAND ? Il y a 150 millions d'années, fin du Jurassique.

22 mètres de long

HAPLOCANTHOSAURUS

◄ Les Sauropodes, tel l'haplocanthosaure, pesaient de tout leur poids sur les grands arbres afin de brouter les feuilles de la cime.

Le sais-tu ?

Pendant longtemps, les scientifiques ont ignoré que le camptosaure avait des joues. La plupart des reptiles en sont dépourvus.

▲ Fossile de camptosaure. Ici, l'animal se déplace sur ses pattes arrière, mais il pouvait aussi marcher à quatre pattes.

6 mètres de long

▲ Contrairement au crâne des autres dinosaures, celui du camptosaure était long et profond. Il fournissait ainsi l'espace nécessaire pour abriter des centaines de dents.

CHUT ! UNE PROIE !

Le sens de l'ouïe est très développé chez les animaux, notamment lorsqu'ils vivent dans des forêts denses où il est difficile de voir loin.

Les carnivores tendent l'oreille pour repérer une proie, les herbivores pour entendre un prédateur.

Malgré tout, les oreilles des dinosaures étaient assez rudimentaires : il n'y avait pas de pavillon, mais un orifice menant à l'appareil auditif.

Le sais-tu ?

Lorsqu'un dinosaure posait ses mâchoires sur le sol, il « entendait » les vibrations des pas des animaux alentour.

▶ Cet allosaure s'immobilise pour écouter un bruit - peut-être celui d'une proie voisine. L'ouïe est un sens primordial chez un carnivore. Elle peut faire toute la différence entre un chasseur comblé et un chasseur affamé.

12 mètres de long

ALLOSAURUS

L'allosaure était un gros carnassier qui devait chasser les Sauropodes, de préférence âgés ou affaiblis car plus faciles à tuer.

▲ Le crâne massif et les griffes des membres antérieurs prouvent qu'il était un chasseur actif.

CARTE D'IDENTITÉ

QUOI ? *Allosaurus*

OÙ ? Wyoming, Amérique du Nord.

QUAND ? Il y a 150 millions d'années, fin du Jurassique.

UN ODORAT DÉVELOPPÉ

CARTE D'IDENTITÉ

QUOI ? *Velociraptor*

OÙ ? Mongolie, Asie.

QUAND ? Il y a 75 millions d'années, fin du Crétacé.

FOUILLES

L'odorat est un sens également très important chez la plupart des animaux. Les herbivores s'en servaient pour détecter l'odeur d'un prédateur et prendre la fuite à temps.

Les éléments du nez utilisés pour sentir ne sont jamais fossilisés. Les scientifiques ne savent donc pas avec certitude si les dinosaures avaient une bonne perception des odeurs.

Cependant, l'importance des cavités nasales de certaines espèces laisse supposer qu'elles possédaient de larges récepteurs et disposaient donc d'un odorat plus développé que les autres.

▶ Meute de vélociraptors se déplaçant dans une forêt du Crétacé. Ces dinosaures devaient chasser en groupe, unissant leurs efforts pour débusquer et tuer leurs proies.

▲ Ce crâne fossile de vélociraptor montre quelques-unes des 80 dents tranchantes et recourbées qui ornaient ses longues mâchoires étroites. Idéal pour dévorer la chair de ses victimes !

Le sais-tu ?

Les tendons osseux qui couraient le long de la queue du vélociraptor la rendaient rigide.

VELOCIRAPTOR

DANS LES SOUS-BOIS

Des herbivores de petite taille cohabitaient avec les Sauropodes géants. Ils devaient trouver leur nourriture dans les sous-bois.

Ces herbivores avaient de la nourriture à profusion car ils mangeaient les plantes basses dédaignées par les grands dinosaures. De plus, les sous-bois leur offraient un refuge pour échapper au danger.

Ainsi, le micropachycéphalosaure se contentait de mordiller les feuilles et racines au ras du sol.

CARTE D'IDENTITÉ

QUOI ? *Micropachycephalosaurus*

OÙ ? Shandong, Chine, Asie.

QUAND ? Il y a 77 millions d'années, fin du Crétacé.

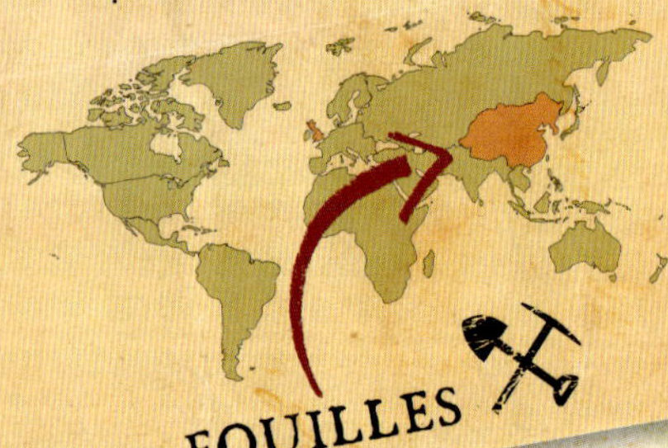

0,5 mètre
de long

Micropachycephalosaurus

▼ Ces deux micropachycéphalosaures broutant des plantes sont aux aguets. La peau rayée du micropachycéphalosaure lui permettait de se camoufler parmi les plantes.

Le sais-tu ?

Le micropachycéphalosaure porte le nom le plus long de tous les dinosaures !

GÉANTS AU LONG COU

Chez certains Sauropodes, les pattes avant étaient beaucoup plus longues que les pattes arrière. Ils pouvaient également tenir leur cou dressé.

Le sauroposéidon est l'un des plus grands dinosaures jamais découverts. Il mesurait 18 mètres de haut, soit la hauteur d'un immeuble de 6 étages ! Son long cou lui permettait d'atteindre la cime des arbres.

Le sauroposéidon est le dernier des sauropodes à longues pattes avant. Il s'est éteint il y a 95 millions d'années.

CARTE D'IDENTITÉ

QUOI ? *Sauroposeidon*

OÙ ? Oklahoma, Amérique du Nord.

QUAND ? Il y a 95 millions d'années, milieu du Crétacé.

30 mètres de long

SAUROPOSEIDON

▶ La taille de ce géant lui permettait de brouter les plus hautes feuilles des conifères. Ces grands arbres étaient hors d'atteinte des petits herbivores.

▼ L'amargasaure vivait dans l'actuelle Argentine, en Amérique du Sud. À l'arrière du cou et du dos, il portait une double rangée d'épines recouvertes d'une sorte de peau. Il s'en servait probablement pour effrayer les autres dinosaures.

Le sais-tu ?

Le sauroposéidon doit son nom au dieu grec Poséidon, « l'ébranleur du sol ». En effet, lorsque le sauroposéidon se déplaçait, le sol devait trembler !

10 mètres de long

AMARGASAURUS

◀ Paléontologues rassemblant les éléments d'un squelette fossilisé d'amargasaure. Retrouver les positions respectives des os est une tâche difficile.

DES BRAS IMMENSES

Les particularités des pattes avant de certains dinosaures les aidaient à se procurer leur nourriture.

CARTE D'IDENTITÉ

QUOI ? : *Deinocheirus*

OÙ ? : Mongolie, Asie.

QUAND ? : Il y a 70 millions d'années, fin du Crétacé.

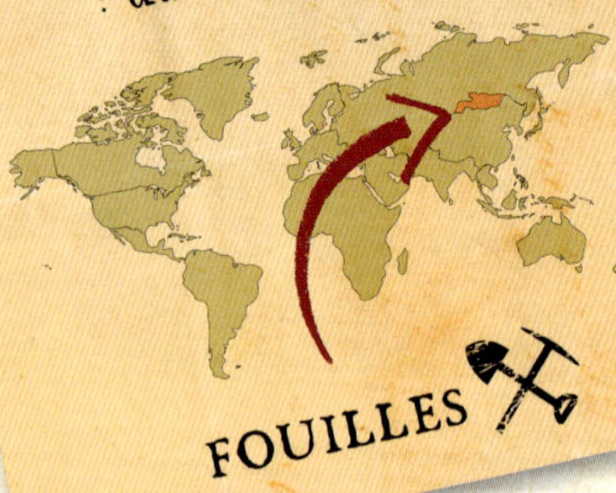

Armés de solides griffes recourbées et tranchantes, les bras du *Deinocheirus* mesuraient 2,6 mètres de long. Certains paléontologues supposent que le *Deinocheirus* utilisait ses griffes pour maintenir les branches des arbres pendant qu'il mangeait les feuilles. D'autres pensent qu'il s'en servait plutôt pour creuser le sol afin de déterrer insectes et racines.

▶ Le *Deinocheirus* avait les plus longs bras et les plus grandes griffes de tous les dinosaures. Ces dernières devaient être encore plus grandes que sur cette photo car elles étaient recouvertes d'une couche de corne.

11 mètres de long

DEINOCHEIRUS

◀ Pour certains paléontologues, le *Deinocheirus* avait des plumes. Pour d'autres, sa peau ressemblait à celle des reptiles actuels.

Le sais-tu ?

Du *Deinocheirus*, seuls les bras ont été retrouvés. Son véritable aspect reste une énigme pour les spécialistes.

DE PUISSANTES MÂCHOIRES

Les tout derniers dinosaures étaient les Cératopsiens*. Ils possédaient des mâchoires et des dents inhabituelles.

Leurs mâchoires se fermaient grâce à des muscles très puissants, tandis que leurs dents étaient agencées pour trancher la nourriture en tout petits morceaux. Selon les paléontologues, les Cératopsiens, comme le leptocératops, affectionnaient les feuilles et les petits rameaux des buissons à fleurs.

Les carnivores, tel l'albertosaure, avaient des muscles capables de serrer les mâchoires avec une force incroyable. Ceux qui contrôlaient l'ouverture des mâchoires étaient bien moins puissants.

CARTE D'IDENTITÉ

QUOI ? *Albertosaurus*
Leptoceratops

OÙ ? Alberta, Amérique du Nord.

QUAND ? Il y a 70 millions d'années, fin du Crétacé.

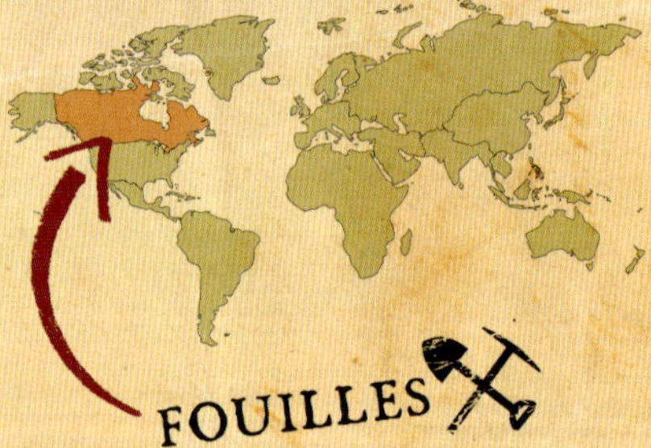

▼ Le leptocératops se nourrissait de petites plantes. Sa bouche en forme de bec lui permettait d'arracher facilement les feuilles.

9 mètres de long

ALBERTOSAURUS

▲ Squelette fossile d'albertosaure. L'animal marchait le corps penché vers l'avant pour garder l'équilibre.

▶ Cet albertosaure se dresse pour défendre son butin : un jeune Cératopsien.

Le sais-tu ?

En 2000, Philip Currie et son équipe ont découvert 12 squelettes d'albertosaures au Canada. Ils prouvent que ces animaux vivaient et chassaient en troupeaux.

DES MORSURES TERRIBLES

CARTE D'IDENTITÉ

QUOI ? *Tarbosaurus*

OÙ ? Mongolie, Asie.

QUAND ? Il y a 70 millions d'années, fin du crétacé.

FOUILLES

Même si les gros prédateurs pouvaient s'attaquer aux grands herbivores, ils ne dédaignaient pas les proies plus modestes.

Ils pouvaient s'intéresser à un bébé dinosaure ou à toute autre proie facile à combattre car elle mourait instantanément d'une seule morsure de leurs mâchoires géantes.

Selon certains spécialistes, l'estomac des grands prédateurs sécrétait des substances chimiques tellement puissantes qu'elles leur permettaient de digérer les os. D'autres pensent que les os étaient régurgités* après digestion de la chair.

12 mètres de long

TARBOSAURUS

▶ Ce tarbosaure s'apprête à bondir sur un jeune Hadrosaure. Ses longs crocs et ses puissantes mâchoires tuaient un animal de cette taille d'une simple morsure.

Le tarbosaure était un tyrannosaure d'environ 12 mètres de long. Comme tous les tyrannosaures, il avait de puissantes mâchoires, mais de minuscules griffes aux pattes avant. Certains scientifiques pensent que, du fait de sa masse corporelle et de ses petits bras, il ne pouvait pas s'attaquer aux grosses proies. C'est pourquoi il se nourrissait d'animaux de taille inférieure ou de charognes*.

▲ La tête et le cou fossiles de ce tarbosaure révèlent un museau allongé. Ses mâchoires fixées à des muscles puissants avaient la force de briser les os de ses proies.

Le sais-tu ?

Le tarbosaure vivait en Asie, le tyrannosaure en Amérique. Mais ils se ressemblent tellement que certains scientifiques pensent qu'il s'agit du même animal.

LES DESCENDANTS

Selon les paléontologues, les oiseaux seraient les descendants de dinosaures carnivores. Comme eux, ils ont des plumes, les os des membres creux et marchent sur les pattes arrière.

Pour certains scientifiques, les animaux des deux groupes se ressemblent tant qu'ils pourraient appartenir à un seul et même groupe. Ainsi, ces dinosaures ne se seraient pas éteints, mais auraient évolué pour devenir des oiseaux.

Le sais-tu ?

Les oiseaux descendraient d'une famille de dinosaures appelés « Tétanuriens », qui auraient plus tard évolué vers les tyrannosaures.

CARTE D'IDENTITÉ

QUOI ? *Tarbosaurus*

OÙ ? Mongolie, Asie.

QUAND ? Il y a 70 millions d'années, fin du Crétacé.

FOUILLES

D'autres scientifiques soulignent les différences entre les deux groupes d'animaux. Les dinosaures avaient des dents, pas les oiseaux. Les oiseaux volent ; la plupart des dinosaures en étaient incapables. Pour eux, dinosaures et oiseaux appartiennent donc à deux groupes bien distincts.

◀ Sur ces empreintes fossiles d'archéoptéryx, on peut voir des plumes formant deux ailes. La découverte de ce fossile a permis d'établir un lien entre les dinosaures et les oiseaux.

12 mètres de long

ARCHAEOPTERYX

◀ Archéoptéryx perché sur une branche. Il pouvait sans doute voler, mais seulement sur des courtes distances.

EXPLORER LES AIRS

Le microraptor, dont le nom signifie « minuscule voleur », a été baptisé ainsi par les paléontologues qui l'ont découvert car il ressemblait à un minuscule dinosaure carnivore.

Par la suite, il a été établi que les pattes, les ailes et la queue du microraptor étaient couvertes de longues plumes résistantes comme celles des ailes d'un oiseau moderne. Mais ses muscles n'étaient pas assez développés pour lui permettre de voler. Le microraptor utilisait probablement ses plumes pour planer sur de courtes distances.

MICRORAPTOR

CARTE D'IDENTITÉ

QUOI ? *Microraptor*

OÙ ? Liaoning, Chine, Asie.

QUAND ? Il y a 130 millions d'années, début du Crétacé.

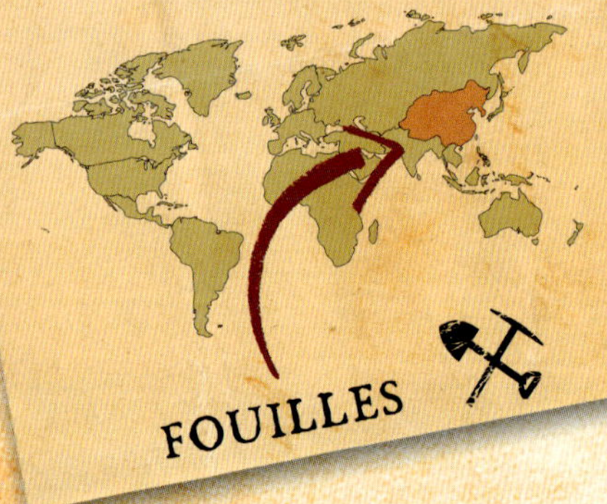

FOUILLES

Le sais-tu ?

En 1999, un imposteur a assemblé la partie avant d'un microraptor fossilisé et l'arrière d'un autre dinosaure, prétendant avoir trouvé le chaînon manquant entre les dinosaures et les oiseaux !

Il vivait dans les forêts, grimpant aux arbres pour capturer les insectes dont il se nourrissait. Sa queue assurait sa stabilité dans les airs.

◀ Le microraptor planait d'arbre en arbre pour échapper au danger ou saisir une proie.

▲ Fossile de microraptor conservé dans la roche. On distingue nettement des plumes autour des os. Les éléments fragiles, comme les plumes, sont rarement retrouvés car ils se conservent mal.

MIGRER OU HIBERNER

À l'époque des dinosaures, la Terre était plus chaude et plus humide, mais certaines régions avaient un climat froid.

CARTE D'IDENTITÉ

QUOI ? *Leaellynasaura Timimus*

OÙ ? Australie du Sud.

QUAND ? Il y a 106 millions d'années, milieu du Crétacé.

Il y a 110 millions d'années environ, l'Australie et la Nouvelle-Zélande étaient à proximité du pôle Sud. En hiver, le Soleil ne brillait pas durant de longues semaines. Il faisait très froid, et aucune plante ne poussait.

Certains dinosaures, parmi les plus gros, migraient vers des régions plus clémentes. D'autres, plus petits, hibernaient pour échapper au froid.

Lorsqu'un animal hiberne, il sombre dans un profond sommeil. Ses rythmes cardiaque et respiratoire s'affaiblissent, sa température corporelle baisse et toutes ses fonctions ralentissent. L'animal survit grâce aux réserves de graisse stockées dans son corps.

Le sais-tu ?

Jusqu'à la découverte d'un léaellynasaure fossile, en 1900, les spécialistes ignoraient que des dinosaures vivaient dans les régions froides du monde.

▶ Cette scène se déroule il y a 106 millions d'années, en Australie. Un imposant *Timimus* hiberne sous la souche d'un arbre tandis qu'un groupe de léaellynasaures, de taille inférieure, regarde une aurore boréale.

2 mètres de long

LEAELLYNASAURA

3,5 mètres de long

TIMIMUS

LA CHAÎNE ALIMENTAIRE

Les dinosaures Cératopsiens se sont répandus en Amérique du Nord car les plantes dont ils se nourrissaient y poussaient en abondance.

CARTE D'IDENTITÉ

QUOI ? *Styracosaurus Chasmosaurus*

OÙ ? Alberta, Amérique du Nord.

QUAND ? Il y a 65 millions d'années, fin du Crétacé.

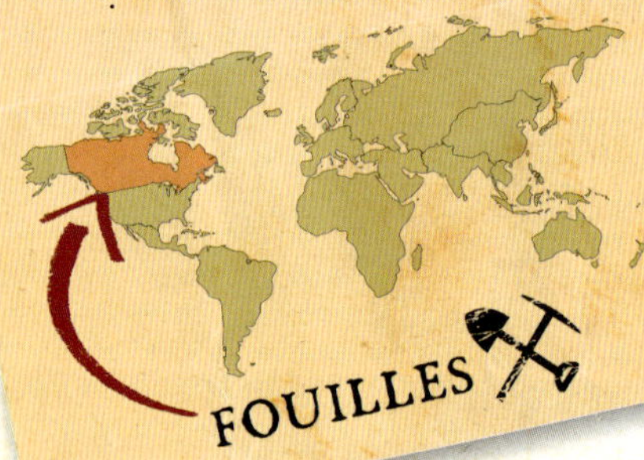

Les Cératopsiens cueillaient les végétaux à l'aide de leur bec corné, puis ils les broyaient avec leurs dents avant de les avaler.

Les dinosaures se sont éteints il y a environ 65 millions d'années. Les plantes dont se nourrissaient les herbivores ont sans doute disparu, les laissant sans nourriture. La disparition des herbivores a par la suite entraîné celle des carnivores qui sont eux aussi morts de faim.

▼ Styracosaure broutant des plantes basses. Les paléontologues ont mis au jour des centaines de fossiles de styracosaures, mais seul un crâne a pu être reconstitué entièrement.

STYRACOSAURUS

Le sais-tu ?

Les scientifiques ont longtemps estimé qu'il existait 6 espèces de chasmosaures, mais ils pensent aujourd'hui qu'il n'y en avait que 4.

▶ Le chasmosaure devait utiliser sa collerette* à motifs colorés pour effrayer d'éventuels prédateurs.

◀ La collerette du chasmosaure était percée de deux gros orifices qui en allégeaient le poids sur le cou.

6 mètres de long

CHASMOSAURUS

SE BATTRE

Sais-tu que les dinosaures utilisaient leur collerette afin d'impressionner leurs congénères ?

Ou que certains dinosaures chassaient en troupeaux ?

Poursuis ta lecture et tu sauras tout sur les combats de dinosaures...

LES CARNIVORES

Pour attaquer leurs proies, les dinosaures carnivores disposaient de nombreuses armes, comme les dents et les griffes.

Si certains opéraient seuls, d'autres se rassemblaient pour former une meute. Lorsque l'une d'elles attaquait un congénère de plus grande taille, le combat devait être spectaculaire !

L'herrérasaure est l'un des plus grands carnivores du milieu du Trias. Ses dents tranchantes en faisaient un redoutable prédateur. D'un simple coup de dent, il pouvait capturer de petits dinosaures comme l'éoraptor. Pour ces derniers, former une meute constituait leur seule chance de survie.

Le sais-tu ?

Les fossiles du Trias – époque de l'apparition des dinosaures – laissent penser que les premiers dinosaures vivaient dans l'actuelle Amérique du Sud.

EORAPTOR

CARTE D'IDENTITÉ

QUOI ? *Eoraptor Herrerasaurus*

OÙ ? Argentine, Amérique du Sud.

QUAND ? Il y a 225 millions d'années, milieu du Trias.

FOUILLES

◀ Ce crâne fossilisé d'herrérasaure montre des dents incurvées vers l'arrière qui lui permettaient d'avoir une bonne prise sur une proie luttant pour s'échapper.

HERRERASAURUS

▼ Meute d'éoraptors attaquant un énorme herrérasaure. Ce dernier était plus puissant, mais une meute de petits dinosaures était capable de lui livrer bataille.

MANGER DES CADAVRES

Les dinosaures carnivores n'avaient pas toujours besoin de chasser et de tuer pour se nourrir. Ils trouvaient parfois leur repas tout prêt !

CARTE D'IDENTITÉ

QUOI ? *Dromaeosaurus*

OÙ ? Canada, Amérique du Nord.

QUAND ? Il y a 75 millions d'années, fin du Crétacé.

Un cadavre ayant commencé à se décomposer porte le nom de « charogne ». Certains carnivores étaient dotés d'un sens de l'odorat et de la vue très développé afin de repérer facilement les cadavres. Ceux-là chassaient rarement. Mais les prédateurs les plus redoutables pouvaient aussi être charognards quand l'occasion se présentait.

◀ Le dromaéosaure était équipé d'excellentes armes pour tuer : dents recourbées et griffes acérées.

Le sais-tu ?

Un excellent odorat était indispensable aux charognards pour trouver leur nourriture.

2 mètres de long

DROMAEOSAURUS

▼ Le dromaéosaure dispute à un autre prédateur le cadavre d'un rhynchosaure.

SE DÉFENDRE EN PIQUANT

Pour survivre, les dinosaures herbivores devaient être capables de se protéger efficacement des attaques des carnivores.

Un groupe de dinosaures appelés « stégosaures* » possédaient une queue hérissée d'épines acérées. L'un d'eux, le kentrosaure, portait aussi des plaques osseuses dressées le long de sa colonne vertébrale.

Si un kentrosaure affrontait un gros prédateur comme un allosaure, il n'avait aucune chance de survivre. Son unique recours était de blesser son agresseur avec les piques de sa queue et de s'enfuir au plus vite.

▶ Allosaure attaquant un kentrosaure. L'assaillant fait plus de deux fois la taille du kentrosaure. Ce dernier n'a que ses armes défensives pour tenter de lui échapper.

◀ Ce fossile d'allosaure montre la posture de l'animal pourchassant une proie. Il lançait la tête en avant pour mordre sa victime.

Le sais-tu ?

Les piques osseuses du kentrosaure étaient recouvertes de corne brillante aux pointes très aiguisées – ce qui en faisait des armes redoutables.

TAILLÉS POUR LA COURSE

Les dinosaures étaient de bons coureurs, qu'il s'agisse de poursuivre une proie ou d'échapper au danger.

Les membres des dinosaures étaient maintenus dans un plan vertical sous le corps au lieu d'être écartés du corps, sur les côtés, comme pour les autres reptiles. Ainsi, ils n'étaient pas contraints de se balancer d'un côté à l'autre pour avancer, contrairement à leurs congénères. Ils pouvaient courir plus vite, en dépensant moins d'énergie.

Le cœlophysis, l'un des premiers dinosaures carnivores, courait sur ses pattes arrière. Il était assez rapide et agile pour attraper de petites proies. Il était aussi capable de fuir rapidement devant le danger.

CARTE D'IDENTITÉ

QUOI ? *Coelophysis*

OÙ ? Nouveau-Mexique, Amérique du Nord.

QUAND ? Il y a 225 millions d'années, milieu du Trias.

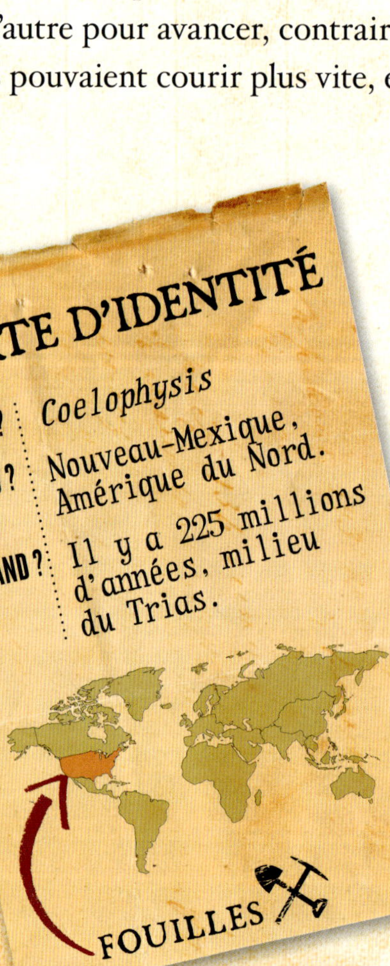

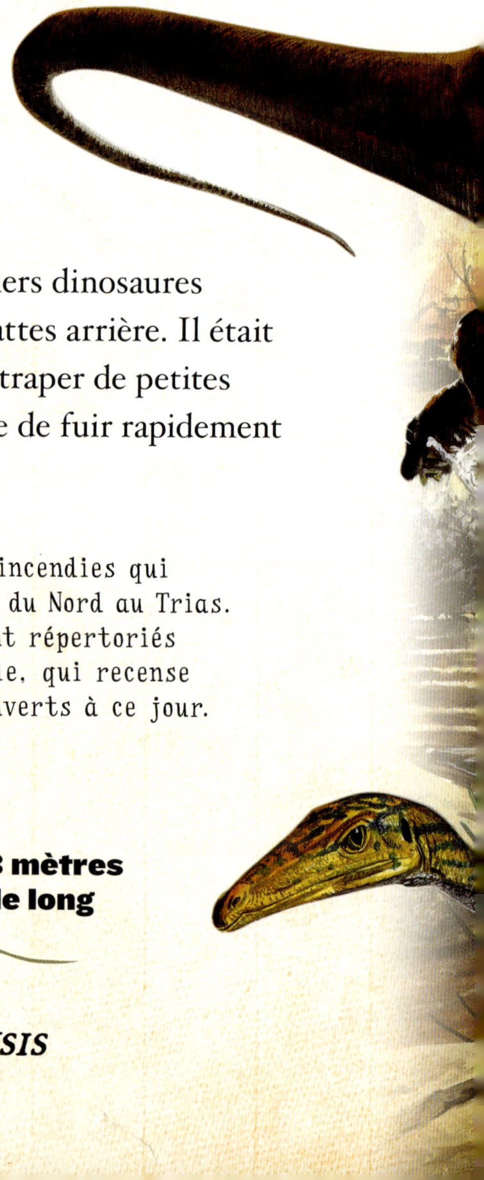

▶ Animaux fuyant les incendies qui ravageaient l'Amérique du Nord au Trias. De tels événements sont répertoriés dans le registre fossile, qui recense tous les fossiles découverts à ce jour.

COELOPHYSIS

◀ Squelette fossilisé de cœlophysis. Les restes de son dernier repas ont été préservés dans son estomac.

Le sais-tu ?

On classe les dinosaures en fonction du bassin : soit le pubis pointe vers l'arrière comme chez les oiseaux (les Ornithischiens), soit vers l'avant comme chez les reptiles (les Saurischiens).

PRENDRE LA FUITE

Les dinosaures herbivores de petite taille comptaient sur leur rapidité pour échapper au danger.

CARTE D'IDENTITÉ

QUOI ? *Deinonychus* *Hypsilophodon*

Où ? Montana, Amérique du Nord.

Quand ? Il y a 100 millions d'années, milieu du Crétacé.

Ces dinosaures n'avaient pas de système de défense particulier et étaient vulnérables ; aussi s'enfuyaient-ils à vive allure dès qu'ils apercevaient un prédateur. Cependant, de nombreux carnivores étaient eux aussi capables de courir très vite.

De véritables courses-poursuites pouvaient alors s'engager. Si un herbivore tel que l'hypsilophodon était plus rapide qu'un *Deinonychus*, il pouvait espérer avoir la vie sauve. Dans le cas contraire, il finissait dans l'estomac du prédateur.

2,5 mètres de long

HYPSILOPHODON

◀ Ce crâne de *Deinonychus* montre que l'animal possédait des dents très pointues et recourbées vers l'arrière. Ainsi, il pouvait mordre profondément sa proie et maintenir fermement sa prise.

Deinonychus

▶ Lorsqu'un *Deinonychus* attaquait un troupeau d'hypsilophodons, ces derniers, paniqués, prenaient la fuite en tous sens. L'individu le moins rapide était vite rattrapé et blessé par les griffes acérées de son agresseur.

Le sais-tu ?

Certains dinosaures pouvaient courir aussi vite que les animaux modernes les plus rapides : jusqu'à 60 km/h !

PROTÉGÉ PAR SA TAILLE

Les dinosaures carnivores agissant seuls évitaient d'attaquer un gros herbivore.

▲ Exposé au Muséum d'histoire naturelle de Berlin, ce célèbre squelette de brachiosaure est le plus grand du monde. Il a été reconstitué à partir des restes fossilisés de plusieurs spécimens.

En effet, un carnivore comme le cératosaure aurait eu du mal à se mesurer à un énorme brachiosaure. Si ce dernier ne possédait pas d'armes mortelles – dents et griffes aiguisées –, il pouvait piétiner son agresseur ou lui donner de vigoureux coups de pied.

Le cératosaure devait donc attaquer son adversaire par surprise ou être très chanceux pour gagner le combat.

BRACHIOSAURUS

CARTE D'IDENTITÉ

QUOI ? *Brachiosaurus*, *Ceratosaurus*

OÙ ? Wyoming, Amérique du Nord.

Quand ? Il y a 150 millions d'années, fin du Jurassique.

Le sais-tu ?

Les naseaux du brachiosaure étaient situés au sommet de sa tête. Ils lui permettaient de produire des sons destinés à communiquer avec ses semblables.

CERATOSAURUS

▼ Cératosaure se préparant à attaquer un brachiosaure adulte. Les carnivores évitaient sans doute d'affronter des animaux aussi gigantesques, préférant attaquer des individus plus jeunes.

UNE PROIE FACILE

La plupart des carnivores recherchaient des proies faciles pour éviter de devoir affronter un Sauropode adulte : les jeunes étaient plus vulnérables.

CARTE D'IDENTITÉ

QUOI ? *Megalosaurus*
OÙ ? France, Europe.
QUAND ? Il y a 165 millions d'années, fin du Jurassique.

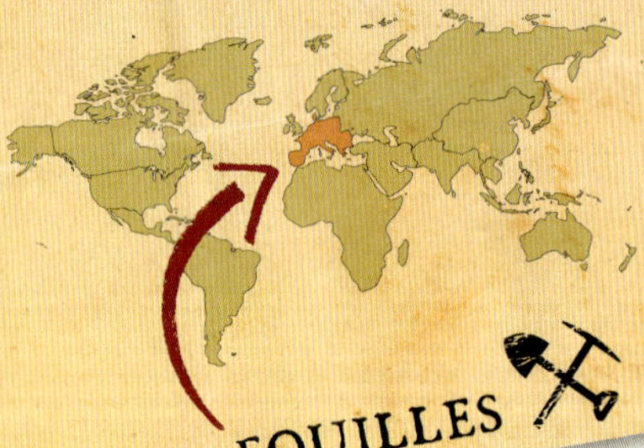

Les jeunes dinosaures étaient plus petits et plus faibles que leurs parents et ils avaient moins d'expérience pour se défendre ou pour fuir le danger.

Le mégalosaure possédait de puissantes mâchoires armées de dents acérées et des pattes aux griffes coupantes. Capturer un dinosaure de taille inférieure, c'était se procurer un repas sans prendre de risques. Les animaux âgés ou malades constituaient également des proies plus faciles que les adultes en parfaite santé.

▶ Ce mégalosaure s'apprête à dévorer le jeune Sauropode qu'il vient de tuer. C'est le prédateur le plus redoutable d'Europe au milieu du Jurassique.

9 mètres de long

MEGALOSAURUS

▲ Les dents acérées du mégalosaure étaient recourbées vers l'arrière. Elles lui permettaient de maintenir fermement sa proie.

Le sais-tu ?

Des os fossiles de Sauropodes portent des traces de morsures provenant probablement des dents de dinosaures carnivores.

UNE GRIFFE REDOUTABLE

Le *Deinonychus* appartenait à un groupe de redoutables prédateurs appelés « raptors* ».

Les pattes arrière de ces prédateurs, rapides à la course, possédaient une énorme griffe recourbée. Cette arme était relevée lors de la marche. Ainsi elle ne risquait pas de s'user et était toujours prête à entrer en action.

▲ Squelette de *Deinonychus*. L'animal bondit comme s'il attaquait une proie.

CARTE D'IDENTITÉ

QUOI ? *Deinonychus* *Tenontosaurus*

OÙ ? Oklahoma, Amérique du Nord.

Quand ? Il y a 100 millions d'années, milieu du Crétacé.

FOUILLES

▶ Meute de *Deinonychus* attaquant un ténontosaure. On a découvert un fossile de ténontosaure manifestement tué par plusieurs *Deinonychus*.

Une meute de *Deinonychus* pouvait se précipiter sur un dinosaure plus imposant et le lacérer avec les griffes de leurs membres postérieurs. Puis elle devait s'éloigner à la hâte et attendre que l'animal, se vidant de son sang, finisse par succomber. Le festin des *Deinonychus* pouvait alors commencer !

Le sais-tu ?

Pour certains scientifiques, le *Deinonychus* était couvert de plumes. Pour d'autres il avait des écailles.

3 mètres de long

DEINONYCHUS

7 mètres de long

TENONTOSAURUS

BLUFFER SES ADVERSAIRES

CARTE D'IDENTITÉ

QUOI ? *Monoclonius*
OÙ ? Montana, Amérique du Nord.
QUAND ? Il y a 75 millions d'années, fin du Crétacé.

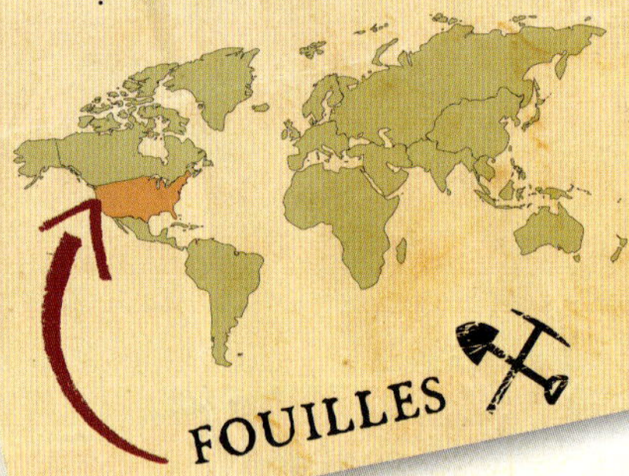

FOUILLES

Lorsqu'ils rencontrent un dangereux prédateur ou un rival, de nombreux animaux tentent de paraître plus imposants afin de l'effrayer.

Les paléontologues pensent que les Cératopsiens utilisaient leur collerette pour « bluffer » l'ennemi. Elle était impressionnante. L'animal la redressait de façon à la faire paraître encore plus grande, puis l'agitait de part et d'autre. En réalité, elle était constituée d'une fine couche d'os et de peau. La collerette devait aussi servir à attirer les femelles avant l'accouplement.

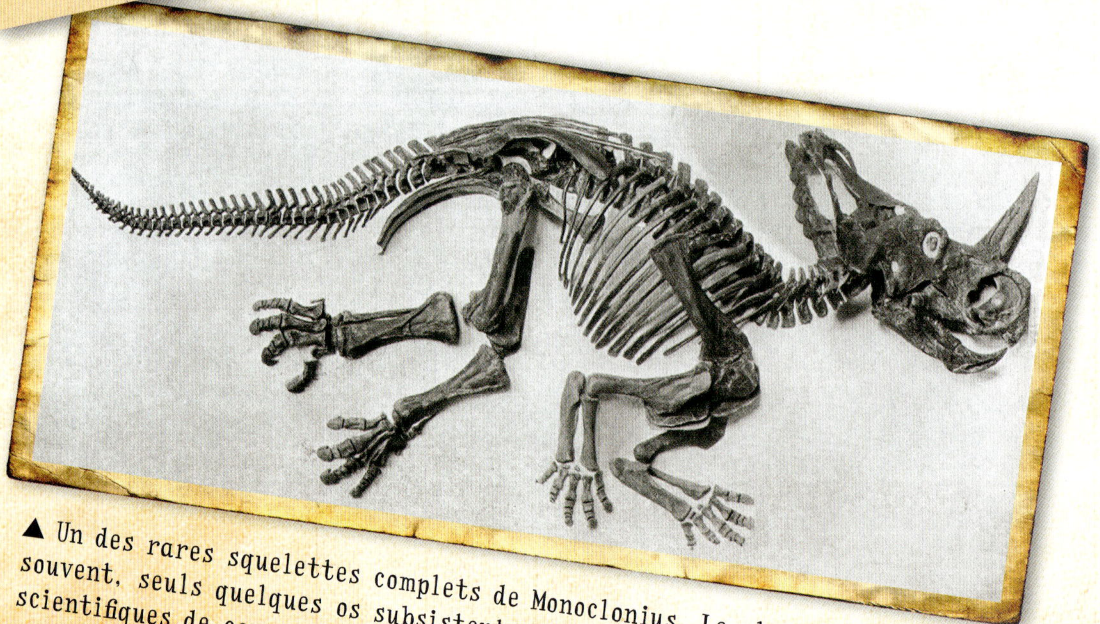

▲ Un des rares squelettes complets de Monoclonius. Le plus souvent, seuls quelques os subsistent. Ce squelette permet aux scientifiques de connaître l'aspect de l'animal dans son entier.

5 mètres
de long

MONOCLONIUS

Le sais-tu ?

Le centrosaure ressemblait au *Monoclonius*, à l'exception de sa corne légèrement incurvée vers l'avant et non vers l'arrière.

▶ Ce *Monoclonius* se prépare à l'attaque : il baisse la tête et frappe le sol de ses pattes avant. Les combats avaient lieu entre rivaux de la même espèce ou contre des éventuels prédateurs.

EN EMBUSCADE

Le tarbosaure était un gros carnivore et un redoutable prédateur. Ses mâchoires actionnées par des muscles puissants étaient garnies de longues dents pointues en forme de poignard.

Cependant, il n'était pas très rapide et son unique chance de tuer une proie consistait à lui tendre une embuscade. Dissimulé dans la végétation, il attendait le moment de fondre sur sa victime.

Les scientifiques connaissent bien le tarbosaure car de nombreux squelettes fossiles ont été retrouvés. Peu de fossiles d'autres dinosaures ont été exhumés dans de telles quantités en Asie. Les tarbosaures devaient donc prédominer dans cette région à la fin du Crétacé.

CARTE D'IDENTITÉ

QUOI ? *Tarbosaurus*

OÙ ? Mongolie, Asie.

Quand ? Il y a 80 millions d'années, fin du Crétacé.

FOUILLES

▲ Les dents du tarbosaure étaient plus petites que celles de son cousin, le tyrannosaure.

12 mètres de long

TARBOSAURUS

▲ La gueule* du tarbosaure s'ouvrait largement sur ses crocs. L'animal tuait sa proie en la poursuivant la gueule ouverte.

Le sais-tu ?

Les minuscules pattes avant du tarbosaure étaient trop courtes pour atteindre sa gueule. Les paléontologues ne savent toujours pas à quoi elles servaient.

DONNER L'ALERTE

Les dinosaures herbivores qui vivaient en troupeaux avaient toujours un moyen d'alerter leurs congénères en cas de danger.

Certains émettaient des cris ou frappaient le sol du pied afin de faire du bruit. Chez d'autres, certaines parties du corps pouvaient brusquement changer de couleur pour prendre une teinte vive.

CARTE D'IDENTITÉ

QUOI ? *Anserimimus*
Oviraptor
Protoceratops
Tarbosaurus

OÙ ? Mongolie, Asie.

QUAND ? Il y a 75 millions d'années, fin du Crétacé.

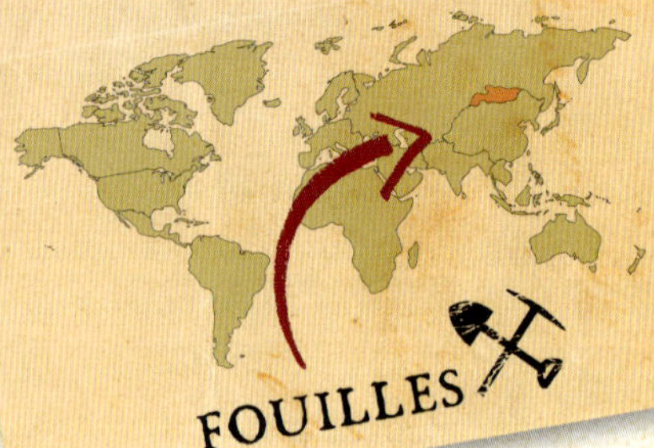

OVIRAPTOR

PROTOCERATOPS

▼ Couple de protocératops surveillant son nid.

La queue de certains dinosaures était ornée de plumes de couleurs vives qui faisaient office de signal d'alarme. L'animal les déployait lorsqu'il percevait un danger. Les autres dinosaures, comprenant la nécessité de fuir, lui emboîtaient le pas.

3 mètres de long

Anserimimus

12 mètres de long

Tarbosaurus

◀ Tarbosaure poursuivant un *Anserimimus* et un oviraptor.

Le sais-tu ?

Une meute de prédateurs pouvait tendre une embuscade à une proie. L'un d'eux se montrait : la proie fuyait droit devant elle, en direction de ses ennemis embusqués.

DES COMBATS MORTELS

Lorsqu'un prédateur attaquait un dinosaure herbivore, il devait s'efforcer d'éviter les armes défensives de sa proie. Et cette dernière tâchait de les utiliser au mieux contre son agresseur.

CARTE D'IDENTITÉ

QUOI ? *Triceratops Tyrannosaurus*

OÙ ? Alberta, Amérique du Nord.

QUAND ? Il y a 70 millions d'années, fin du Crétacé.

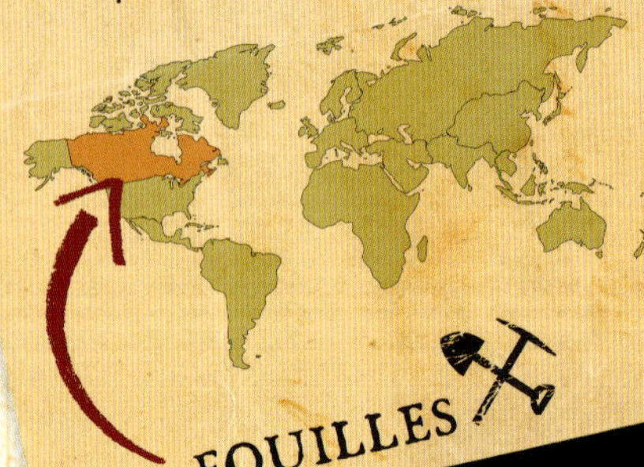

FOUILLES

Pour se défendre contre ses prédateurs, le tricératops était armé de trois longues cornes acérées. Lorsqu'il était attaqué par un tyrannosaure, il tentait de l'empaler avec ses cornes. S'il parvenait à le blesser, le tricératops avait une chance d'en réchapper.

▶ Ce squelette de tyrannosaure montre que l'animal se projetait en avant pour attaquer sa proie.

12 mètres de long

TYRANNOSAURUS

TRICERATOPS

9 mètres de long

Si le tyrannosaure réussissait à mordre sa proie, il s'en éloignait et attendait que l'animal ait perdu suffisamment de sang pour être affaibli. Il revenait alors à la charge pour achever sa victime.

Le sais-tu ?

Les scientifiques ont découvert des fossiles de tricératops avec des traces de morsures de tyrannosaure.

▼ Tyrannosaure affrontant un tricératops. Il cherche à mordre les parties vulnérables du dinosaure herbivore tout en évitant ses cornes.

UN COUP DE MASSUE

Les dinosaures cuirassés, ou Ankylosaures*, n'avaient ni cornes, ni griffes redoutables, mais ils étaient dotés d'une arme secrète.

CARTE D'IDENTITÉ

QUOI ? *Pinacosaurus Tarbosaurus*

OÙ ? Mongolie, Asie.

QUAND ? Il y a 80 millions d'années, fin du Crétacé.

FOUILLES

Le dos, les flancs, la tête et la queue du pinacosaure étaient recouverts de plaques osseuses cuirassées. Il était aussi armé d'une queue terminée par une lourde massue osseuse qu'il balançait d'un côté à l'autre pour écarter ses prédateurs, tel le tarbosaure. Un coup de massue devait infliger de terribles blessures à ses agresseurs.

Le sais-tu ?

On a trouvé des fossiles d'ankylosaures dans le monde entier, sauf en Afrique.

PINACOSAURUS

5,5 mètres de long

◀ Squelette fossile d'Ankylosaure. Les os de dinosaures sont souvent éparpillés dans les sites de fouilles. Il faut retrouver leur place pour obtenir l'allure générale de l'animal.

TARBOSAURUS

▼ D'un coup de queue, le pinacosaure a mis à terre le tarbosaure. Pour gagner le combat, ce dernier devait renverser le dinosaure cuirassé afin d'atteindre son ventre fragile.

FACE-À-FACE MORTEL

Lorsqu'un dinosaure carnivore avait très faim, il se risquait à attaquer un gros herbivore. Mais ce n'était pas sans danger car ce dernier était capable de se défendre efficacement.

Le tyrannosaure ne s'attaquait que par nécessité à un styracosaure.

Celui-ci possédait une longue corne pointue sur le museau, susceptible de blesser gravement tous ses ennemis.

Le sais-tu ?

On a découvert un fossile de styracosaure recouvert de charbon de bois. L'animal est probablement mort dans un incendie de forêt.

CARTE D'IDENTITÉ

QUOI ? *Styracosaurus*
Tyrannosaurus

OÙ ? Montana, Amérique du Nord.

QUAND ? Il y a 70 millions d'années, fin du Crétacé.

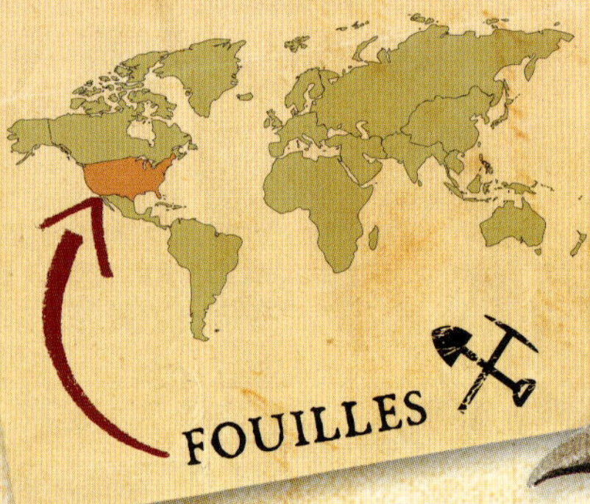

STYRACOSAURUS

▲ N'étant pas profondément implantées dans la mâchoire, les dents du tyrannosaure se cassaient souvent. De nouvelles dents repoussaient à leur place.

12 mètres de long

TYRANNOSAURUS

▼ Tyrannosaure se préparant à attaquer un styracosaure. Ce dernier possédait une collerette épineuse recourbée vers l'arrière qui protégeait son cou et son dos.

LA FIN DES DINOSAURES

Les changements climatiques ont entraîné petit à petit l'apparition de nouveaux dinosaures et l'extinction* d'anciennes espèces.

CARTE D'IDENTITÉ

QUOI ? *Triceratops* *Tyrannosaurus*

OÙ ? Colorado, Amérique du Nord.

QUAND ? Il y a 65 millions d'années, fin du Crétacé.

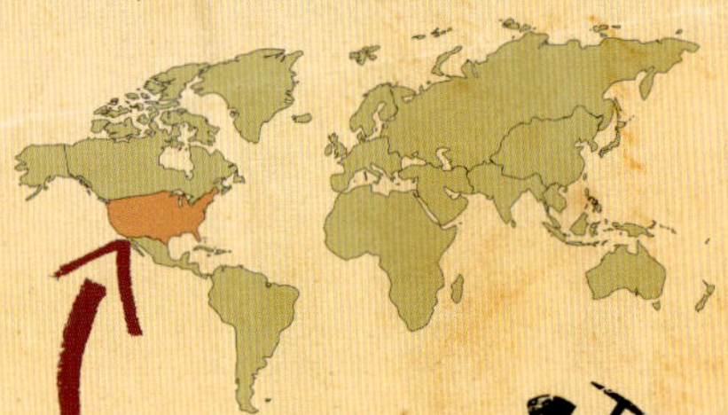

FOUILLES

Les Sauropodes se sont raréfiés et les Stégosaures ont complètement disparu, laissant la place aux Cératopsiens et aux Hadrosaures.

Puis, soudain, il y a environ 65 millions d'années, tous les dinosaures se sont éteints, en même temps qu'un grand nombre d'animaux.

Les causes de cette extinction massive divisent les scientifiques. Pour certains, une météorite aurait heurté la Terre. Pour d'autres, ce serait un changement climatique brutal qui aurait causé ces disparitions.

Le sais-tu ?

Lorsque les premiers os de dinosaure ont été découverts, ils ont été attribués à un homme géant !

▲ Ce squelette de tricératops révèle les longues cornes acérées et la large collerette du puissant animal.

▼ Un tricératops s'apprête à affronter un tyrannosaure. Celui-ci devait éviter les cornes pointues de sa proie.

9 mètres de long

TRICERATOPS

12 mètres de long

TYRANNOSAURUS

DINOS DE A À Z

Pour tout savoir sur le nom, la taille, le poids et l'alimentation des dinosaures que tu as vus dans cet ouvrage...

TRIAS
Entre 248 et 206
MILLIONS D'ANNÉES

Coelophysis

LONGUEUR : 3 mètres
POIDS : 35 kilogrammes
ALIMENTATION : Petits animaux

Efraasia

LONGUEUR : 7 mètres
POIDS : 600 kilogrammes
ALIMENTATION : Plantes

Eoraptor

LONGUEUR : 1 mètre
POIDS : 3 à 15 kilogrammes
ALIMENTATION : Petits animaux

Herrerasaurus

LONGUEUR : 3 mètres
POIDS : 200 kilogrammes
ALIMENTATION : Animaux

Melanorosaurus

LONGUEUR : 10 mètres
POIDS : 1 tonne
ALIMENTATION : Plantes

Mussaurus

LONGUEUR : 4 mètres
POIDS : 150 kilogrammes
ALIMENTATION : Plantes

TRIAS
Entre 248 et 206
MILLIONS D'ANNÉES

Pisanosaurus

LONGUEUR : 1 mètre
POIDS : 3 kilogrammes
ALIMENTATION : Plantes

Plateosaurus

LONGUEUR : 8 mètres
POIDS : 1 tonne
ALIMENTATION : Plantes

Procompsognathus

LONGUEUR : 1,3 mètre
POIDS : 2 à 3 kilogrammes
ALIMENTATION : Petits animaux

Riojasaurus

LONGUEUR : 10 mètres
POIDS : 1 tonne
ALIMENTATION : Plantes

Saltopus

LONGUEUR : Moins de 1 mètre
POIDS : 1 à 2 kilogrammes
ALIMENTATION : Petits animaux

Staurikosaurus

LONGUEUR : 2 mètres
POIDS : 30 kilogrammes
ALIMENTATION : Petits animaux

JURASSIQUE
Entre 206 et 145
MILLIONS D'ANNÉES

Allosaurus

LONGUEUR : 12 mètres
POIDS : 1,5 à 2 tonnes
ALIMENTATION : Animaux

Anchisaurus

LONGUEUR : 2,5 mètres
POIDS : 35 kilogrammes
ALIMENTATION : Plantes

Apatosaurus

LONGUEUR : 25 mètres
POIDS : 25 à 35 tonnes
ALIMENTATION : Plantes

Archaeopteryx

LONGUEUR : 0,5 mètre
POIDS : 0,5 kilogramme
ALIMENTATION : Insectes et petits animaux

Brachiosaurus

LONGUEUR : 25 mètres
POIDS : 50 tonnes
ALIMENTATION : Plantes

Camptosaurus

LONGUEUR : 6 mètres
POIDS : 1 à 2 tonnes
ALIMENTATION : Plantes

Ceratosaurus

LONGUEUR : 6 mètres
POIDS : 700 à 850 kilogrammes
ALIMENTATION : Animaux

JURASSIQUE
Entre 206 et 145
MILLIONS D'ANNÉES

Cetiosaurus

LONGUEUR : 18 mètres
POIDS : 15 à 20 tonnes
ALIMENTATION : Plantes

Coelurus

LONGUEUR : 2 mètres
POIDS : 15 kilogrammes
ALIMENTATION : Animaux

Compsognathus

LONGUEUR : 1 à 1,5 mètre
POIDS : 3 kilogrammes
ALIMENTATION : Petits animaux

Dicraeosaurus

LONGUEUR : 13 à 20 mètres
POIDS : 10 tonnes
ALIMENTATION : Plantes

Dilophosaurus

LONGUEUR : 6 mètres
POIDS : 400 kilogrammes
ALIMENTATION : Animaux

Euhelopus

LONGUEUR : 10 à 15 mètres
POIDS : 10 à 25 tonnes
ALIMENTATION : Plantes

Haplocanthosaurus

LONGUEUR : 22 mètres
POIDS : 20 tonnes
ALIMENTATION : Plantes

JURASSIQUE
Entre 206 et 145
MILLIONS D'ANNÉES

Huayangosaurus

LONGUEUR : 4 mètres
POIDS : 400 à 600 kilogrammes
ALIMENTATION : Plantes

Jingshanosaurus

LONGUEUR : 7,5 mètres
POIDS : 1 tonne
ALIMENTATION : Plantes

Kentrosaurus

LONGUEUR : 5 mètres
POIDS : 2 tonnes
ALIMENTATION : Plantes

Lesothosaurus

LONGUEUR : 1 mètre
POIDS : 2 à 3 kilogrammes
ALIMENTATION : Plantes

Lufengosaurus

LONGUEUR : 6 mètres
POIDS : 220 kilogrammes
ALIMENTATION : Plantes

Mamenchisaurus

LONGUEUR : 24 mètres
POIDS : 12 à 15 tonnes
ALIMENTATION : Plantes

JURASSIQUE

Entre 206 et 145
MILLIONS D'ANNÉES

Megalosaurus

LONGUEUR : 9 mètres
POIDS : 1 tonne
ALIMENTATION : Plantes

Ornitholestes

LONGUEUR : 2 mètres
POIDS : 30 kilogrammes
ALIMENTATION : Animaux

Sinosauropteryx

LONGUEUR : 1 mètre
POIDS : 3 kilogrammes
ALIMENTATION : Petits animaux

Stegosaurus

LONGUEUR : 8 à 9 mètres
POIDS : 2 à 3 tonnes
ALIMENTATION : Plantes

Supersaurus

LONGUEUR : 30 à 40 mètres
POIDS : 30 à 50 tonnes
ALIMENTATION : Plantes

CRÉTACÉ

Entre 145 et 65
MILLIONS D'ANNÉES

Albertosaurus

LONGUEUR : 9 mètres
POIDS : 2,5 tonnes
ALIMENTATION : Animaux

Amargasaurus

LONGUEUR : 10 mètres
POIDS : 5 à 7 tonnes
ALIMENTATION : Plantes

Anserimimus

LONGUEUR : 3 mètres
POIDS : 300 kilogrammes
ALIMENTATION : Petits animaux

Centrosaurus

LONGUEUR : 6 mètres
POIDS : 3 tonnes
ALIMENTATION : Plantes

Chasmosaurus

LONGUEUR : 6 mètres
POIDS : 2 à 3 tonnes
ALIMENTATION : Plantes

Deinocheirus

LONGUEUR : 11 mètres
POIDS : 4 à 7 tonnes
ALIMENTATION : Animaux et plantes

Deinonychus

LONGUEUR : 3 mètres
POIDS : 60 kilogrammes
ALIMENTATION : Petits animaux

CRÉTACÉ
Entre 145 et 65
MILLIONS D'ANNÉES

Dromaeosaurus

LONGUEUR : 2 mètres
POIDS : 25 kilogrammes
ALIMENTATION : Petits animaux ou de taille moyenne

Euoplocephalus

LONGUEUR : 6 à 7 mètres
POIDS : 2 tonnes
ALIMENTATION : Plantes

Hypsilophodon

LONGUEUR : 2,5 mètres
POIDS : 20 à 40 kilogrammes
ALIMENTATION : Plantes

Iguanodon

LONGUEUR : 10 mètres
POIDS : 4 à 5 tonnes
ALIMENTATION : Plantes

Jobaria

LONGUEUR : 20 mètres
POIDS : 18 à 20 tonnes
ALIMENTATION : Plantes

Leaellynasaura

LONGUEUR : 2 mètres
POIDS : 10 kilogrammes
ALIMENTATION : Plantes

CRÉTACÉ
Entre 145 et 65
MILLIONS D'ANNÉES

Leptoceratops

LONGUEUR : 3 mètres
POIDS : 150 à 200 kilogrammes
ALIMENTATION : Plantes

Maiasaura

LONGUEUR : 9 mètres
POIDS : 3 à 4 tonnes
ALIMENTATION : Plantes

Micropachycephalosaurus

LONGUEUR : 0,5 mètre
POIDS : 20 kilogrammes
ALIMENTATION : Plantes

Microraptor

LONGUEUR : 60 centimètres
POIDS : 1 kilogramme
ALIMENTATION : Plantes

Monoclonius

LONGUEUR : 5 mètres
POIDS : 2 à 3 tonnes
ALIMENTATION : Plantes

Oviraptor

LONGUEUR : 2 mètres
POIDS : 30 kilogrammes
ALIMENTATION : Petits animaux et plantes

CRÉTACÉ

Entre 145 et 65
MILLIONS D'ANNÉES

Pinacosaurus

LONGUEUR : 5,5 mètres
POIDS : 1 à 2 tonnes
ALIMENTATION : Plantes

Protoceratops

LONGUEUR : 2 mètres
POIDS : 150 à 250 kilogrammes
ALIMENTATION : Plantes

Sauroposeidon

LONGUEUR : 30 mètres
POIDS : 50 à 80 tonnes
ALIMENTATION : Plantes

Stegoceras

LONGUEUR : 2 mètres
POIDS : 50 à 70 kilogrammes
ALIMENTATION : Plantes

Stygimoloch

LONGUEUR : 2 à 3 mètres
POIDS : 70 à 200 kilogrammes
ALIMENTATION : Plantes

Styracosaurus

LONGUEUR : 5 mètres
POIDS : 3 tonnes
ALIMENTATION : Plantes

CRÉTACÉ
Entre 145 et 65
MILLIONS D'ANNÉES

Tarbosaurus

LONGUEUR : 12 mètres
POIDS : 4 tonnes
ALIMENTATION : Gros animaux

Tenontosaurus

LONGUEUR : 7 mètres
POIDS : 1 tonne
ALIMENTATION : Plantes

Timimus

LONGUEUR : 3,5 mètres
POIDS : 300 kilogrammes
ALIMENTATION : Inconnue

Triceratops

LONGUEUR : 9 mètres
POIDS : 5 à 8 tonnes
ALIMENTATION : Plantes

Tyrannosaurus

LONGUEUR : 12 mètres
POIDS : 6 tonnes
ALIMENTATION : Gros animaux

Velociraptor

LONGUEUR : 2 mètres
POIDS : 20 à 30 kilogrammes
ALIMENTATION : Petits animaux

GLOSSAIRE

Adulte
Qui est parvenu au terme de sa croissance.

Amphibien
Animal qui pond ses œufs dans l'eau mais passe la majeure partie de sa vie sur la terre.

Ankylosaures
Dinosaures herbivores armés de plaques osseuses sur le dos et autres parties du corps.

Cératopsiens
Dinosaures herbivores possédant une collerette osseuse et des dents destinées à trancher. La plupart des Cératopsiens étaient également pourvus de cornes.

Charogne
Cadavre d'animal en décomposition.

Collerette
Protubérance osseuse recouverte de peau située derrière le crâne d'un animal.

Crâne
Boîte osseuse renfermant le cerveau.

Crétacé
Troisième et dernière période de l'âge des dinosaures, s'étendant entre 145 et 65 millions d'années av. J.-C.

Crête osseuse
Épaisse couche d'os située au sommet du crâne.

Désert
Zone sèche et aride où ne vivent que de rares plantes et animaux.

Dinosaures
Reptiles vivant il y a des millions d'années. Tous les dinosaures se sont éteints.

Éclosion
Sortir d'un œuf.

Érosion
Action qui use, détruit lentement.

Évolution
Transformation des animaux et des plantes au cours de millions d'années.

Extinction
Disparition totale d'une espèce animale ou végétale.

Fossile
Restes d'un animal, d'une plante conservés dans de la roche, ou leur empreinte, comme les empreintes de pas.

Gueule
Bouche de certains animaux.

Jurassique
Deuxième période de l'âge des dinosaures, située entre 206 et 145 millions d'années av. J.-C.

Mammifère
Animal à sang chaud dont la femelle donne naissance à des petits qu'elle allaite.

Nurserie
Lieu d'éclosion des œufs de dinosaures. Certains bébés dinosaures y vivaient quelque temps.

Ornithopodes
Dinosaures herbivores à bec et dents solides destinées à la mastication.

Paléontologue
Scientifique qui recherche et étudie les fossiles, dont les dinosaures.

Raptor
Type de dinosaure carnivore (oviraptor, éoraptor, vélociraptor...) dont les pattes arrière sont armées d'une très grosse griffe.

Régurgiter
Faire revenir les aliments de l'estomac dans la bouche.

Reptile
Animal à sang froid, comme le lézard. Les dinosaures étaient des reptiles.

Sauropodes
Dinosaures herbivores à cou immense et longue queue. Ce groupe comprend les plus grands dinosaures ayant existé.

Sous-bois
Buissons, petits arbres et autres plantes poussant sous les grands végétaux.

Squelette
Ensemble des os formant le corps d'un homme ou d'un animal.

Stégosaures
Dinosaures herbivores au dos et à la queue armés de plaques osseuses ou d'épines.

Trias
Première période de l'âge des dinosaures, située entre 248 et 206 millions d'années av. J.-C.

Troupeau
Groupe d'animaux vivant ensemble.

INDEX

CRÉDITS ICONOGRAPHIQUES

ALAMY : Chris Howes / Wild Places Photography 41 ; Kim Karpeles 26.

CORBIS : Bettman 86, Richard Cummins 57, 75 ; DK Limited 17 ;
Sandy Felsenthal 38 ; Kimimasa Mayama / Reuters 78 ;
Louie Psihoyos 4, 9, 13, 17, 33, 35, 37, 49, 53-54, 61, 71, 77, 80, 83-84, 92, 95-96 ;
Kevin Schafer 23, 98 ; Paul A Souders 67 ; Paul Vicente / EPA 88 ;
Dung Vo Truong 20.

GETTY : Louie Psihoyos 43, 47, 62, 72.

SCIENCE PHOTO LIBRARY : 12-13 ; Mehau Kulyk 45, 49.

TOPFOTO : ImageWork 10.

DINOSAURES

Le livre de tous les secrets

Publié pour la première fois en langue anglaise par QED Publishing, une marque du groupe Quarto, sous le titre original *Dinopedia*.

43 quai de Grenelle, 75015 Paris.

Dépôt légal : avril 2014 – Édition 01
Loi n° 49-956 du 16 juillet 1949 sur les publications destinées à la jeunesse .
Imprimé en Chine. Achevé d'imprimer en avril 2014.

Auteur : Rupert Matthews
Maquette : Morgane Leloup
Adaptation française : Josette Gontier
Remerciements : Émilie Chavanon, Hélène Huguet, Jean-Pierre Leblan, Aline Pauwels, Agnès Scicluna